ÉTUDE HISTORIQUE

SUR LA

NATURALISATION

à l'occasion de la loi du 29 juin 1867

PAR

M. Edmond NICOT

AVOCAT A LA COUR IMPÉRIALE DE PARIS

(Extrait du DROIT)

PARIS

IMPRIMERIE BALITOUT, QUESTROY ET Cᵉ

7, RUE BAILLIF, ET RUE DE VALOIS, 18

1868

ÉTUDE HISTORIQUE

NATURALISATION

ÉTUDE HISTORIQUE

SUR LA

NATURALISATION

A l'occasion de la loi du 29 juin 1867

PAR

M. Edmond NICOT

AVOCAT A LA COUR IMPÉRIALE DE PARIS

(Extrait du DROIT)

—⁂—

PARIS

IMPRIMERIE BALITOUT, QUESTROY ET Cᵉ

7, RUE BAILLIF, ET RUE DE VALOIS, 18

—

1868

A MONSIEUR

AUBÉPIN

Avocat général près la Cour impériale de Paris

HOMMAGE RESPECTUEUX

ÉTUDE HISTORIQUE

SUR LA

NATURALISATION

Une loi récente est venue modifier, dans le sens le plus libéral, les conditions imposées à l'étranger qui veut se faire naturaliser Français, et nous avons pensé qu'il ne serait peut-être pas sans intérêt d'étudier les phases diverses par lesquelles la naturalisation est arrivée jusqu'à nous.

Lorsqu'on examine les institutions des différents peuples, on reconnaît aisément que, chez aucun d'eux, les étrangers n'ont joui de la plénitude des droits accordés aux régnicoles. Ils inspiraient toujours une certaine défiance : souvent même on les considérait comme des ennemis. Lycurgue les chassait de Sparte, « de peur, dit Plutarque, qu'ils n'apprissent aux Lacédémoniens à aimer le vice, car à mesure que les étrangers arrivent dans les villes, il y entre nécessairement avec eux des propos nouveaux, ces propos engendrent de nouveaux sentiments qui ne manquent pas de faire éclore un malheureux essaim de passions et d'inclinations nouvelles qui sont entièrement opposées au gouvernement et ruinent toute son harmonie, comme dans la musique l'harmonie est ruinée par les dissonances. »

C'est là, en effet, le danger que peut présenter pour un Etat l'admission trop facile des étrangers et que, par suite, les divers législateurs se sont toujours efforcés de prévenir.

Chez les Athéniens, ils étaient protégés par le gouvernement. Les *domiciliés,* c'est ainsi qu'on les nommait, devaient se choisir parmi les citoyens un patron qui répondît de leur conduite. Ils payaient un tribut annuel dont ils pouvaient être affranchis lorsqu'ils avaient rendu à la République des services importants.

Les anciens Romains confondaient les étrangers et les ennemis : *Ab antiquis hostes appellabantur* (1). C'est que les Romains, comme on l'a remarqué, ne se trouvaient pas en rapport avec d'autres étrangers que les ennemis qu'ils avaient vaincus.

Il en est de même chez tous les peuples. Aussi, la naturalisation n'existe pas à l'origine des sociétés ; elle ne s'introduit dans chaque législation que lorsque le pouvoir public est définitivement constitué, et les modifications qu'elle subit marquent les progrès de la civilisation.

(1) Un édit d'Edouard III défendit aux Français d'habiter l'Angleterre sous peine de mort.

À Rome, on la trouve pour la première fois, en 653, dans la loi *Apuleia, de coloniis,* qui autorisait Marius à conférer, dans chaque colonie, le titre de citoyens romains à trois personnes. En 681, la loi *Gellia Cornelia* donnait à Pompée la faculté de conférer, en Espagne, le même titre à ceux qui avaient combattu contre Sertorius. Jules César s'attribua le droit d'accorder la qualité de citoyen à qui bon lui semblait, et le prestige de la puissance romaine était tel que des rois étrangers briguèrent l'honneur de devenir *cives romani.* Les noms des nouveaux citoyens étaient inscrits sur des tables de marbre exposées publiquement. Enfin, l'affranchi latin junien pouvait devenir citoyen de sept manières différentes (1), notamment *Beneficio principali,* c'est-à-dire lorsque le prince lui accordait cette faveur. C'était déjà la naturalisation telle qu'elle existe chez la plupart des peuples modernes.

Sous les empereurs, le *jus civitatis* se multiplia beaucoup. C'était un moyen de se procurer de l'argent, et Marc-Aurèle accordait, dit-on, le titre de citoyen à tous ceux qui le demandaient, pourvu qu'ils fussent en mesure de payer. Ce fut Caracalla qui étendit le droit de cité à tous les sujets de l'empire.

On ne rencontre dans les lois barbares aucune institution qui rappelle, même de loin, la naturalisation. Chez les Germains, de même qu'à Rome, dans les premiers temps de la République, les étrangers sont des ennemis. S'ils ne trouvent pas de garants parmi les

____

(1) Ulpien, Reg., t. III.

membres de la tribu, on les réduit en esclavage.

Parviennent-ils, par exception, à échapper à la servitude, ils peuvent être admis dans la tribu, quand ils sont demeurés en cet état de liberté pendant l'an et jour (1).

Chez les Francs, ils n'étaient admis dans une ville ou un faubourg que lorsqu'ils avaient trouvé un hôte qui voulût bien répondre pour eux.

Les Saxons en avaient une telle défiance, qu'ils vendaient comme esclave celui qui n'avait pas de patron ni de garant, et que l'étranger qui entrait dans un bois ou quittait la grande route pour prendre un chemin de traverse, était considéré comme un voleur et traité comme tel, s'il n'avait, au préalable, crié ou sonné du cor, pour attirer sur lui l'attention.

Les Burgondes, plus cruels encore, supposaient que c'était un esclave fugitif, et le mettaient à la torture pour le lui faire avouer.

Les mêmes idées prédominèrent pendant le moyen-âge presque entier.

Les *aubains* (*alibi natus*) ou *épaves* (2) furent assimilés aux serfs. Ils appartenaient au propriétaire du sol sur lequel ils étaient venus se fixer, et celui-ci pouvait les revendiquer, s'ils fuyaient sur d'autres terres pour y chercher une condition meilleure. On les considérait, en un mot, comme les immeubles par destination.

On désignait même sous le nom d'*aubains* les individus originaires d'un autre fief que celui sur lequel ils

(1) Lex sal., tit. XLVIII, *De migrantibus.*
(2) On désignait ainsi les étrangers, suivant que leur origine était ou non connue.

venaient s'établir, quoique situé dans le royaume, mais leur condition différait notablement.

L'aubain, *né dans le royaume,* devait reconnaître dans l'an et jour le seigneur sur les terres duquel il s'était fixé; sinon, il payait une amende. A sa mort, il était obligé de laisser quatre deniers au seigneur, qui devenait propriétaire de tous les meubles dépendant de la succession, si l'aubain n'avait pas observé cette règle; c'est ce qu'on nommait *le droit d'aubenage.*

Au contraire, l'aubain, *né hors du royaume,* était serf du seigneur sur les terres duquel il avait demeuré l'an et jour. Il était soumis au droit de *suite;* il avait le seigneur pour héritier, et ne pouvait tester à son préjudice.

Peu à peu, les rois, jaloux d'étendre leur autorité, se substituèrent aux seigneurs, et vers le milieu du douzième siècle, ils se déclarèrent seuls patrons des aubains. Cependant deux ordonnances, l'une de Philippe le Bel (1301), l'autre de Charles VI (1386), prouvent que l'usage ancien n'avait pas entièrement di-paru. Ce principe ne se généralisa qu'au commencement du seizième siècle, et Loysel dit, dans ses *Institutes coutu-mières :* « Si les aubains ne laissent des enfants nés et demeurant au royaume, ou d'autres parents naturalisés et y demeurant, le roi leur succède et non autres seigneurs; s'ils n'y sont fondés en titres et privilége du roi (1). »

Néanmoins, certaines coutumes révisées au seizième siècle, et notamment celles de Touraine (art. 13 à 15),

____

(1) Liv. I, R. 52 et 53.

d'Anjou (art. 11 et 41), du Maine (art. 48), et du Bourbonnais (ch. II, art. 198), firent réserve du droit d'aubaine au profit des seigneurs. Mais les jurisconsultes décidèrent que ces dispositions ne pouvaient *tollir* un droit régalien (1).

Les aubains reconnus libres (et dès lors on ne désigna plus ainsi que les individus nés hors du royaume), purent disposer de leurs biens et recevoir par donations entre vifs, mais ils ne purent succéder ni transmettre leurs biens soit *ab intestat*, soit par testament, et cette incapacité s'est maintenue dans nos lois jusqu'en 1819. De là cette formule générale que « *l'étranger vivait libre et mourait serf en France.* »

Le roi lui succédait par droit d'aubaine. « Ce droit est inséparable de la couronne, dit Ferrières, sans qu'il puisse appartenir à quelque seigneur que ce soit. Les aubains ne sont dans le royaume que par la permission du roi, qui les y veut bien souffrir; c'est pourquoi il est juste que les droits et avantages, qui peuvent revenir en conséquence de la demeure qu'ils font en France, appartiennent à Sa Majesté. »

Ils ne pouvaient exercer aucune fonction publique (ordonnance de mai 1616) s'ils n'avaient reçu des lettres spéciales de capacité, ni faire la banque, à moins de fournir une caution de 150,000 livres (ordonnance de 1563). Il leur était également défendu d'être avocats ou professeurs; et, s'ils prenaient des grades dans les universités, c'était à la seule condition de n'en pas faire usage en France.

(1) Bacquet, *Traité du droit d'aubaine*, ch. XXX.

Ils ne pouvaient obtenir la jouissance de tous les droits accordés aux régnicoles, qu'en devenant Français.

Cette qualité s'obtenait parfois d'une manière collective : ainsi un édit d'avril 1687 déclara Français tous ceux qui avaient servi pendant cinq ans sur les vaisseaux du roi. La même faveur fut accordée, le 30 novembre 1715, à ceux qui avaient servi dix ans dans les armées de terre, *s'ils étaient catholiques,* et à la condition de déclarer qu'ils entendaient vivre et mourir dans le royaume. Pour favoriser le commerce et l'industrie, un édit de Henri IV avait déclaré mutuels et régnicoles ceux qui travaillaient dans les manufactures de tapisseries de Flandre. Deux édits postérieurs reproduisirent ces dispositions en faveur de ceux qui avaient travaillé pendant dix ans aux Gobelins (novembre 1667) et à Beauvais (15 juillet 1772) (1).

Les étrangers devenaient encore Français d'une manière collective, lorsque leur pays avait été conquis ou régulièrement cédé, comme cela a eu lieu en 1860 pour le comté de Nice et la Savoie.

Il est d'usage, en pareil cas, d'accorder aux habitants un délai, dans lequel ils déclarent s'ils veulent conser-

---

(1) On trouve dans le recueil général des anciennes lois françaises, de MM. Isambert, Decrusy et Taillandier, d'autres exemples de naturalisations collectives. Une déclaration du 28 décembre 1520 porte que les habitants de la Franche-Comté sont naturels Français. Une ordonnance de novembre 1547 contient la même disposition à l'égard des archers écossais de la garde du roi. En novembre 1662, le droit de naturalité est accordé sans lettres ni finances aux étrangers qui résideront à Dunkerque. Enfin, un édit de juillet 1738 déclare naturels Français les Polonais qui sont restés dans les États de Lorraine.

ver leur nationalité, et c'est aussi ce que fit le traité de Turin du 24 mars 1860, dont l'art. 6 est ainsi conçu : Les sujets sardes originaires de la Savoie ou de l'arrondissement de Nice, ou domiciliés actuellement dans ces provinces, qui entendront conserver la nationalité sarde, jouiront, pendant l'espace d'un an à partir de l'échange des ratifications, et moyennant une déclaration préalable faite à l'autorité compétente, de la faculté de transporter leur domicile en Italie et de s'y fixer, auquel cas la qualité de citoyen Sarde leur sera maintenue : ils seront libres de conserver leurs immeubles situés sur les territoires réunis à la France.

Mais ces grands événements sont rares, et c'est par la naturalisation que les étrangers acquièrent, en général, la qualité de Français.

La naturalisation peut être définie un acte de la puissance publique, par suite duquel un étranger perd sa nationalité d'origine et devient citoyen d'un État où il est admis à jouir de tous les droits civils accordés aux régnicoles.

La naturalisation est un droit purement personnel qui n'est pas transmissible par succession. Le parlement de Paris l'avait décidé déjà dans un arrêt du 6 septembre 1611, et la Cour royale de Grenoble a reproduit cette jurisprudence le 16 décembre 1828.

Dans l'ancien droit, les étrangers, qui voulaient devenir Français devaient obtenir du roi des lettres de *naturalité*, de *civilité* ou *d'adoption* (1).

(1) M. Isambert, dans son recueil général des anciennes lois françaises, reproduit le préambule de lettres de naturalité accordées à un Génois par le roi Charles VI en janvier 1397. C'est

Ces lettres, que Chopin définit (1) « *juris indigena-rum a Rege impetratio,* » étaient scellées du grand sceau « en cire verte avec des lacs de soye. » Elles étaient soumises à la vérification et à l'enregistrement des Parlements, et enregistrées à la Chambre des comptes et à la Chambre des domaines (2).

L'étranger, qui les avait obtenues, payait au souverain une somme proportionnée à sa fortune (plus tard, ce paiement fut remplacé par une aumône aux pauvres), et il était dès lors assimilé aux régnicoles : il jouissait des mêmes priviléges et notamment du droit de succéder et de transmettre ses biens. Il pouvait même aspirer *aux États et aux honneurs de la République.* Mais il était tenu de résider en France, à moins d'une clause spéciale insérée dans les lettres : des déclarations royales

le premier acte de ce genre qu'il ait rencontré, et il fait remarquer que la rédaction ne s'éloigne guère de la formule actuelle : « Karolus, etc. Notum facimus universis presentibus et futuris, quod nos regnum nostrum bonis et probis incolis ac mercatoribus qui in illo manere, mercari et negociari valeant sine fraude, cupientes pro bono rei publicæ populari, auditoque laudabili testimonio quod de dilecto nostro Johanne Pica-milli a civitate Januense, pro nunc in nostris obedientia et subjectione et dominio existente, oriundo, publiæ mercatore, de et super commendantis fidelitate, legalitate, probitate, honestique conversacione ac vita, et pluribus fide dignis prohibetur, atque continua residencia per ipsum facta in villa nostra Paris, per quindecim annos et ultra, mercaturas licitas faciendo, gratuitisque serviciis per ipsum nobis acthenus impensis, præ attentis, dignum et congruum arbitramur, ut cum eisdem ipse Johannes, congruis favoribus, privilegiis et libertatibus conformetur, etc. »

(1) *Traité du domaine,* liv. III, tit. Ier.

(2) *Sircy,* arrêt du 3 juillet 1833.

du 24 août 1718 et de février 1720 annulèrent des lettres de naturalité accordées à des étrangers qui s'étaient affranchis de cette obligation.

Lorsqu'un ecclésiastique obtenait des lettres de naturalité, on y apportait trois restrictions : il devait d'abord fournir un brevet du pape, renonçant à nommer sans l'agrément du roi aux bénéfices laissés vacants par sa mort ou sa résignation. De plus, il était stipulé que, si des difficultés s'élevaient au sujet de ces bénéfices, les juges et officiers du royaume seraient seuls compétents pour en connaître à l'exclusion de la cour de Rome. Il était enfin interdit aux bénéficiers de prendre des vicaires ou des fermiers qui ne fussent pas Français.

Il ne faut pas confondre les lettres de *déclaration de naturalité* et les lettres *de naturalisation* ou *de naturalité*.

Les lettres de déclaration de naturalité constataient un droit antérieur; leur nom même impliquait l'idée d'un état préexistant qu'elles ne faisaient que déclarer. Il en résulte qu'elles avaient un effet rétroactif.

Les lettres de naturalisation, au contraire, conféraient un droit nouveau, et par suite ne produisaient leurs effets que pour l'avenir (1).

Sous toute la monarchie ancienne, la naturalisation resta une véritable faveur du souverain. « Cette grâce ne se peut accorder que par Sa Majesté, » dit Ferrière, et le droit de la concéder fut exercé sans conteste.

Au dix-huitième siècle, une réaction commença à se

(1) Arrêt de cassation du 4 mai 1836, aff. Barré et Veyra-Molina.

produire : les philosophes et les économistes attaquèrent le droit d'aubaine comme contraire au principe de la fraternité humaine. Montesquieu l'appela un *droit insensé* (1), et Necker, dans son livre de l'administration des finances, ajouta : « Si ce droit s'établissait chez quelques nations à l'égard des Français, ce ne serait pas un motif pour en agir de même avec elles; car la réciprocité n'est jamais raisonnable, quand elle ne peut exister qu'à son propre dommage..., et le droit d'aubaine est encore plus préjudiciable aux nations qui l'exercent qu'aux étrangers dont on usurpe ainsi la fortune (2). »

Sous l'empire de ces idées, le droit d'aubaine fut aboli sans restriction, avec les cantons catholiques de la Suisse (19 mai 1715), le Danemark (23 août 1742), l'Espagne et les Deux-Siciles (15 août 1761), la noblesse immédiate de l'Empire (février 1769), la Hollande (23 juillet 1773), la République de Venise (28 février 1774) et la Russie (11 janvier 1787).

Il le fut également, mais sous la réserve d'un droit de détraction avec l'Angleterre par le traité d'Utrecht (11 avril 1713), en ce qui concernait les successions mobilières seulement, de même qu'avec la Suède (24 décembre 1754). L'année précédente (1754), un traité analogue avait été signé avec la Prusse, mais la guerre de Sept-Ans empêcha son exécution.

L'Assemblée constituante abolit définitivement le

___

(1) *Esprit des lois*, liv. XXI, ch. XVII.

(2) Voy. Laferrière, *Histoire des principes, des institutions et des lois de la Révolution française*.

droit d'aubaine par un décret du 18 août 1790, comme
« contraire aux principes de fraternité qui doivent lier
tous les hommes, quels que soient leur pays et leur
gouvernement; » ce droit, poursuit le préambule du décret, établi dans les temps barbares, doit être « proscrit
chez un peuple qui a fondé sa Constitution sur les droits
de l'homme et du citoyen, et la France libre doit ouvrir
son sein à tous les peuples de la terre, en les invitant à
jouir, sous un gouvernement libre, des droits sacrés et
inaliénables de l'humanité. »

Ces derniers mots, qui semblaient ne s'adresser qu'au
droit d'aubaine, allaient au delà, et frappaient la naturalisation à sa source. Issu d'une idée généreuse, mais
purement théorique, le principe de la fraternité des
peuples ne pouvait laisser debout une institution, qui
reposait exclusivement sur un acte de l'initiative et de
la toute-puissance du roi.

Aussi, la naturalisation, telle que l'ancien droit français l'avait conçue et organisée, disparaît-elle alors de
notre législation. Des circonstances particulières, en de-
hors des idées qui prédominaient à cette époque, favori-
sèrent cette transition.

Les départements des frontières et des villes mariti-
mes étaient habités par un grand nombre d'individus
nés en pays étrangers. La plupart, mariés et proprié-
taires depuis longtemps ou possesseurs d'établissements
de commerce, avaient rempli des fonctions civiles : les
uns avaient été officiers dans les anciennes municipali-
tés, les autres dans les gardes nationales. Tous avaient
prêté le serment civique, et ils formaient dans beaucoup
de villes, comme le disait M. Target à l'Assemblée na-

tionale, le huitième, le septième et même le sixième de la population. Il était urgent de régler leur condition : la loi des 30 avril, 2 mai 1790 y pourvut.

LOI DES 30 AVRIL, 2 MAI 1790. — Aux termes de cette loi, tous ceux qui, nés hors du royaume de parents étrangers, étaient établis en France, devaient être réputés Français et admis, en prêtant le serment civique (1), à l'exercice des droits de citoyens actifs, après cinq ans de domicile continu dans le royaume, s'ils avaient, en outre, ou acquis des immeubles, ou épousé une Française, ou formé un établissement de commerce, ou reçu dans quelques villes des lettres de bourgeoisie.

Malgré le changement qui s'était opéré dans les idées, la loi ajoutait que « l'on n'avait entendu rien préjuger sur la question des Juifs, qui avait été et demeurait ajournée. » Les Juifs n'obtinrent, en effet, la jouissance complète des droits civils que par un décret de septembre 1791.

Toute favorable qu'elle fût, cette loi était bien rigoureuse pour les descendants de réfugiés protestants, qui étaient rentrés en France depuis la Révolution. On devait les traiter plus favorablement que les autres étrangers, puisqu'ils descendaient de parents français. C'est ce que fit la Constitution des 3-14 septembre 1791.

CONSTITUTION DE 1791. — La Constitution nouvelle ne maintenait les dispositions de la loi du 2 mai 1790 que pour les étrangers qui, nés hors du royaume de

(1) La formule de ce serment était : « Je jure d'être fidèle à la nation, à la loi et au roi, et de maintenir de tout mon pouvoir la Constitution décrétée par l'Assemblée nationale et acceptée par le roi. » (*Moniteur* du 5 février 1790.)

parents étrangers, residaient en France. Ceux qui, nés
en France d'un père étranger, avaient fixé leur résidence dans le royaume, étaient citoyens français sans
être tenus de prêter serment ni de remplir aucune condition.

On n'exigeait que le serment civique (1) de ceux qui,
nés en pays étranger d'un père français, ou descendant
à quelque degré que ce fût d'un Français ou d'une
Française expatriés *pour cause de religion,* étaient venus demeurer en France : ils étaient dispensés du stage
de cinq ans et de l'accomplissement des autres conditions.

Lorsque M. Thouret présenta le projet de loi à l'Assemblée, M. Garat insista pour faire supprimer ces
mots : « *pour cause de religion,* » afin de rendre ainsi
l'article commun à tous les Français expatriés. M. Tron-
chet appuya cette demande en faisant remarquer qu'il
avait toujours suffi à un Français de revenir en France
et de déclarer qu'il voulait y fixer son domicile, pour
rentrer dans tous les droits de citoyen. Mais M. Guil-
laume objecta qu'il serait imprudent d'élever avec trop
de facilité aux droits de citoyens des hommes nés en
pays étranger, que l'on verrait peut-être bientôt les
descendants d'un banni venir dans les assemblées pri-
maires pour les troubler, et il ajouta, aux applaudisse-
ments de l'Assemblée, qu'adopter l'exception proposée

____

(1) La formule du serment civique, décrétée à la séance du
9 août 1791, était : « Je jure d'être fidèle à la nation, à la loi
et au roi, et de maintenir de tout mon pouvoir la Constitution
du royaume, décrétée par l'Assemblée nationale aux années
1789, 1790, 1791. »

par le comité, c'était faire une véritable expiation du crime qu'avait commis Louis XIV en révoquant l'édit de Nantes. La rédaction primitive fut maintenue.

Cette disposition était reproduite d'un décret du 9-15 décembre 1790, qui avait réglé le mode à suivre pour restituer leurs biens aux descendants des religionnaires fugitifs, et dont l'art. 22 était ainsi conçu : « Toutes personnes qui, nées en pays étranger, descendent en quelque degré que ce soit d'un Français ou d'une Française expatriés pour cause de religion, sont déclarés naturels français et jouiront des droits attachés à cette qualité, si elles reviennent en France, y fixent leur domicile et prêtent le serment civique. »

L'Assemblée nationale avait chargé son président de soumettre dans le jour ce décret à la sanction du roi, en le priant de donner des ordres à tous ses ambassadeurs, ministres, envoyés, résidents, consuls, vice consuls ou agents auprès des puissances étrangères, afin que cette loi fût connue sans retard de toutes les familles françaises ou descendant de Français.

Ce décret a reçu une application récente qu'il importe de signaler : M. Amiet, né en Suisse, se présenta en 1865 pour être admis au tableau de l'Ordre des avocats près le Tribunal civil de Nice. Il descendait par sa mère de Français expatriés pour cause de religion et était rentré en France en 1861. Le conseil de l'Ordre rejeta sa demande le 12 avril en se fondant sur la qualité d'étranger. Mais, sur l'appel interjeté de cette décision, la Cour impériale d'Aix ordonna, par arrêt du 25 mars 1866, que M. Amiet serait inscrit au tableau de l'Ordre, à la colonne des stagiaires, pour y prendre rang du jour de sa demande. La Cour se fondait « sur la justification faite par l'appelant, qu'il descendait par sa mère du sieur Etienne Terroux, d'Orange, qui, au commencement du dix-huitième siècle, avait quitté la France, sa patrie, et s'était réfugié à Genève pour cause de religion, et sur ce que la loi du 9 décembre 1790, dans son esprit comme dans son texte, s'applique indistinctement à ceux qui descendent par les hommes ou par les femmes d'un religionnaire expatrié. »

On avait voulu, dans la Constitution de 1791, faciliter aux étrangers l'acquisition de la qualité de Français, tout en exigeant de ceux qui étaient nés hors du royaume de parents étrangers, un domicile continu pendant cinq années. C'était pour le pays une garantie qui disparut dans la Constitution du 24 juin 1793.

CONSTITUTION DU 24 JUIN 1793. — L'Assemblée constituante s'était montrée, mais, dans une juste mesure, très-favorable pour les étrangers. La Convention exagéra cette tendance : elle supprima le serment civique, et réduisit à une année la durée du stage, en maintenant toutefois l'obligation d'avoir épousé une Française ou acquis une propriété. Elle ajoutait même, aux cas prévus par les lois antérieures, en admettant à l'exercice des droits de citoyen français l'étranger, âgé de vingt et un ans accomplis, qui, domicilié en France depuis une année, y vivrait de son travail, ou adopterait un enfant, ou nourrirait un vieillard, ou bien encore serait jugé avoir bien mérité de l'humanité.

Mais il fallait que l'étranger qui remplissait, d'ailleurs, l'une ou l'autre de ces conditions eût son domicile en France, la simple résidence ne suffisait pas, et l'on devait ne considérer que comme résidant celui qui dirigeait en France une maison de commerce, si elle n'était que l'annexe d'une maison établie dans un autre pays (1).

L'étranger qui remplissait les conditions imposées par la loi devenait Français de plein droit. En continuant à résider en France postérieurement après la mise en vigueur de la loi, il se mettait dans le cas de ne pouvoir plus, par la suite, alléguer son ignorance ou son défaut de volonté. Chaque État a le droit, en effet, de régler les conditions auxquelles il admet un étranger à habiter son territoire (2).

La Constitution de 1793 offrait de graves inconvénients : il était à craindre qu'au lieu d'enrichir le pays de l'industrie des autres nations, elle eût pour résultat d'y attirer des gens sans aveu. Sous la royauté, les lettres de naturalité, accordées par le souverain, n'attribuaient à l'étranger que la jouissance des droits civils, puisque les Français eux-mêmes n'en avaient pas d'autres. Depuis la Révolution, au contraire, l'étranger devenu Français avait l'exercice des droits politiques, et c'est pour ce motif que l'on devait redouter davantage le danger que nous signalions plus haut. Une réaction ne pouvait donc manquer de se produire; aussi, dès l'avènement du Directoire, on s'appliqua à restreindre les

(1) Bordeaux, 17 juin 1847, aff. Davidson, et cass., 11 avril 1848, aff. Mosselmann.

(2) La jurisprudence est fixée en ce sens; (voir *Sirey*, arrêts, Lyon, 10 novembre 1827; Douai, 23 novembre 1840 ; Riom, 7 avril 1835 ; Aix, 18 août 1858. — Pour l'opinion contraire, arrêt Orléans, 25 juin 1830.

facilités laissées aux étrangers par la Constitution de 1793, et, dans ce but, on revint à la distinction établie par la loi de 1791, entre les étrangers nés en France et ceux qui étaient nés dans un autre pays.

CONSTITUTION DU 5 FRUCTIDOR AN III. — Tout homme né et résidant en France, qui, âgé de vingt et un ans accomplis, s'était fait inscrire sur le registre civique de son canton, avait demeuré une année sur le territoire de la République et payait une contribution directe, foncière ou personnelle, était citoyen français (art. 8), tandis que, aux termes de l'art. 10, l'étranger devenait citoyen français, lorsque, après avoir atteint l'âge de vingt et un ans accomplis et avoir déclaré l'intention de se fixer en France, il y avait résidé *pendant sept années consécutives,* pourvu qu'il payât une contribution directe, et il fallait, en outre, qu'il y possédât une propriété foncière, ou un établissement d'agriculture ou de commerce, ou qu'il eût épousé une Française.

La Constitution de l'an III inaugurait un principe nouveau, l'obligation pour l'étranger de déclarer son intention de fixer son domicile en France, et le stage de sept années commençait à courir du jour de cette déclaration.

Deux arrêts rendus, l'un par la Cour royale de Nîmes le 22 décembre 1825, l'autre par la Cour royale de Montpellier le 22 juin 1826, ont décidé que cette déclaration, de même que les autres conditions exigées par les lois postérieures à celle de 1790, était obligatoire, et qu'elle ne pouvait être suppléée par aucun fait ni aucune présomption.

On voit combien le législateur s'était efforcé d'entraver l'acquisition de la qualité de Français, et ces obstacles ne paraissaient même pas suffisants à quelques membres du conseil des Cinq-Cents, tant était grande alors la réaction qui s'était produite dans les esprits.

Lorsque le rapporteur, M. Daunou, lut le projet de l'art. 10, M. Mailhe réclama énergiquement contre l'insuffisance des conditions proposées par la Commission : « Que l'Assemblée constituante ait offert aux étrangers une grande facilité à obtenir le titre de citoyen français, on voit le motif de son erreur : elle n'avait pas appris à connaître la perfidie des peuples qui nous environnent. Que les anarchiques auteurs de la Constitution de 1793 se soient montrés encore plus faciles, il ne faut pas s'en étonner; ils étaient d'accord avec les étrangers pour rendre odieux, avilir et dissoudre le gouvernement républicain. Mais nous, qui avons si cruellement éprouvé les dangers d'une trop facile admission, nous saurons y ajouter toutes les conditions qu'exige une saine politique. » Dans la même pensée, M. Lakanal demanda que le stage fût porté à dix années.

Le rapporteur fit observer que si la commission avait proposé d'accorder le droit de cité à un étranger qui aurait résidé un an seulement dans la République, les craintes que l'on manifestait auraient quelque fondement, mais qu'elle proposait, au contraire, de n'accorder ce droit qu'à l'homme qui, ayant quitté son pays pour se fixer en France, aurait fait une déclaration préalable conforme à son intention, et ne jouirait, en outre, du droit de citoyen que sept années après son séjour sur le territoire de la République; et le projet fut adopté purement et simplement.

Le fait seul de la résidence, quelque longue qu'elle fût d'ailleurs, n'était pas suffisant pour conférer à l'étranger la qualité de Français : il fallait, a décidé la Cour de cassation dans un arrêt du 26 janvier 1835, que la résidence fût accompagnée de l'une au moins des conditions énumérées dans l'art. 10, et l'exemple est d'autant plus frappant que, dans l'espèce, le sieur Pelizza avait résidé en Corse pendant *quarante et un ans.*

CONSTITUTION DU 22 FRIMAIRE AN VIII. — La réaction, qui s'était manifestée si énergiquement à l'avènement du Directoire, s'était opérée d'une façon d'autant plus complète, que la France, en guerre avec l'Europe, éprouvait davantage le besoin de l'ordre et de la tranquillité intérieurs. On n'avait plus les illusions généreuses de l'Assemblee constituante. Les garanties sérieuses données par la Constitution de l'an III ne paraissent même plus suffisantes : il fallait, avant tout, se conserver et se défendre. En effet, comme on le faisait remarquer naguère au Corps législatif, « les relations de la France avec l'Europe devaient inspirer de légitimes défiances envers celui qui, pour devenir Français, se séparait d'une nation en armes contre nous, et la législation semblait attester, de la part des pouvoirs publics, une préoccupation plus vive de garder nos frontières que d'élargir notre hospitalité (1). »

Aussi, après la chute du Directoire, on jugea opportun d'augmenter la durée du stage, et la Constitution nouvelle le fixa à dix années, comme l'avait demandé M. Lakanal cinq ans auparavant.

(1) Exposé des motifs de la loi du 29 juin 1867.

Lorsque les consuls prêtèrent serment, le 19 brumaire, le président du Conseil, Lucien Bonaparte, s'écria : « La liberté française est née dans le jeu de paume de Versailles. Depuis cette immortelle séance, elle s'est traînée jusqu'à vous en proie tour à tour à l'inconséquence, à la faiblesse et aux maladies convulsives de l'enfance. Elle vient aujourd'hui de prendre la robe virile ; elles sont finies dès aujourd'hui, toutes les convulsions de la liberté ! »

En effet, à partir de ce jour, l'ordre et le calme se rétablirent sous la main puissante du Premier Consul, et la législation de cette époque, relative aux étrangers, s'est conservée jusqu'à nous. Le stage de dix ans a été maintenu sous l'Empire, la Restauration et la monarchie de Juillet. En 1848, il fut maintenu, mais réduit *provisoirement* à cinq ans en faveur de ceux qui avaient pris part aux événements de Février. Nous le verrons reproduit dans la loi du 3 décembre 1849 et conservé jusqu'à la loi du 29 juin 1867.

La Constitution de l'an VIII se montrait donc plus rigoureuse encore que celle qui l'avait précédée.

M. Rœderer critiqua vivement l'art. 3 au Conseil d'Etat (1). « C'est un défaut, dit-il, de ne pas autoriser la concession de lettres de naturalité ; il en résultera que des hommes d'un rare mérite, tels que Franklin, par exemple, ne pourront jamais devenir Français, parce qu'ils seront dans un âge trop avancé pour espérer d'accomplir leur stage politique. »

SÉNATUS-CONSULTE DU 26 VENDÉMIAIRE AN XI. — On

____

(1) Séance du 4 fructidor an

reconnut que, dans l'intérêt du commerce et de l'industrie, on devait pour certaines personnes diminuer la rigueur de la loi, et le sénatus-consulte du 26 vendémiaire
an XI (18 octobre 1802), rétablit la naturalisation proprement dite, et décida que, *pendant cinq ans* à partir
de sa publication, les étrangers qui rendraient ou auraient rendu des services importants à la République,
qui apporteraient dans son sein des talents, une inven-
tion ou une industrie utile, ou qui formeraient de grands
établissements, pourraient *après un an de domicile* être
admis à jouir des droits de citoyens français. Ces droits
leur étaient conférés par un arrêté du gouvernement,
puis sur le rapport du ministre de l'intérieur, le Conseil
d'Etat entendu. Il leur était délivré une expédition de
cet arrêté, visée par le grand juge, ministre de la justice. Ils se présentaient munis de cette expédition devant
la municipalité de leur domicile, pour y prêter le serment de fidélité au gouvernement établi par la Constitution, et l'on dressait procès-verbal de cette prestation de
serment. C'était un retour vers les idées anciennes.

Quatre mois plus tard, le 17 ventôse an XI (8 mars
1803), le Corps législatif votait la loi sur la jouissance
et la privation des droits civils, qui forme le titre premier du premier livre du Code civil.

M. Treilhard en exposant les motifs de cette loi, à la
séance du 6 ventôse, signalait encore le danger d'accorder trop aisément à des étrangers la jouissance des droits
civils : « Cette communication facile établie pour nous
enrichir de la population et de l'industrie des autres nations pourrait aussi quelquefois nous apporter leur
écume. Tout n'est pas bénéfice dans un pareil com-

merce, et l'on ne trouvera quelquefois que des germes de corruption et d'anarchie où l'on avait le droit d'espérer des principes de vie et de prospérité ! »

Avant la Révolution, tous les individus nés en France, même de parents étrangers, étaient Français. Lors de la discussion du Code civil au Conseil d'Etat, le Premier Consul voulait que l'on revînt à ce principe : « Il ne peut y avoir, disait-il, que de l'avantage à étendre l'empire des lois civiles françaises... Les fils d'étrangers qui se sont établis en grand nombre en France ont l'esprit français, les habitudes françaises, ils ont l'attachement que chacun porte naturellement au pays qui l'a vu naître. » Mais ce sentiment, qui avait prévalu d'abord, fut repoussé par le Tribunat : les enfants nés en France d'étrangers restaient donc étrangers.

CODE CIVIL. — Le Code laissa subsister les conditions imposées par la Constitution de l'an VIII pour l'obtention de la qualité de Français, laquelle ne s'acquiert et ne se conserve que conformément à la loi constitutionnelle (art. 7). Mais il y fit une modification importante.

Nous avons vu que d'après l'art. 3 de la Constitution, il suffisait, pour que l'étranger devînt Français, qu'après avoir atteint l'âge de vingt-un ans et avoir déclaré l'intention de se fixer en France, il y eût résidé pendant dix ans. Le délai de dix ans commençait à courir du jour de cette déclaration. L'art. 13 du Code civil édicte, au contraire, que l'étranger devra être autorisé par le gouvernement à établir son domicile en France. Le gouvernement est toujours libre d'apprécier la moralité de l'individu qui se présente et les relations qui existent entre les deux pays : le Code civil apportait donc une restriction au principe de la naturalisation de plein droit, ainsi que cela résulte de l'avis du Conseil d'Etat du 18 prairial an XI.

Le ministre de la justice lui avait soumis la question de savoir si l'étranger, qui, aux termes de la Constitution, voulait devenir citoyen français, était assujéti à la disposition de l'art. 13, qui ne donne à l'étranger la jouissance des droits civils en France, tant qu'il continuera d'y résider, que lorsqu'il aura été autorisé par le gouvernement à y établir son domicile. Le Conseil d'Etat fut d'avis qué « *dans tous les cas,* où un étranger veut s'établir en France, il est tenu d'obtenir la permission du gouvernement, et que les admissions pouvant être sujettes à des modifications, à des restrictions et même à des révocations, ne sauraient être déterminées par des règles et des formules générales »

L'étranger admis à établir son domicile en France, jouit de tous les droits civils tant qu'il continue d'y résider, mais il ne devient pas Français :

C'est ce qui a été jugé par la Cour de Paris le 13 juin 1814.

Un religieux espagnol, nommé Busqueta, diacre de l'ordre des Capucins de la province de Catalogne, s'était fixé à Paris en 1807. Le 30 mars suivant, le cardinal légat l'autorisa à porter un habit laïque, et il obtint comme maître de langues, par décret du 25 janvier 1809, la permission d'établir son domicile en France et d'y jouir des droits civils tant qu'il continuerait d'y résider, ce que l'exposant, portait le décret, était dans l'intention de faire à l'avenir et de devenir citoyen français. Le

7 mars suivant, il épousait Caroline-Elisabeth Styles, femme divorcée d'un sieur Pelletan. L'union ne fut pas heureuse ; la femme demanda la séparation de corps, puis la nullité du mariage : elle avait appris dans l'intervalle que son mari était un moine espagnol. Elle présenta une attestation du secrétaire de la légation apostolique à Paris, et un certificat de l'ambassadeur d'Espagne, constatant que Busqueta, revêtu des ordres sacrés, n'avait pas été relevé de ses vœux, et se fonda sur les dispositions du statut espagnol, qui défend aux prêtres de se marier. Busqueta répondit que les lois françaises permettant aux prêtres de se marier lorsqu'ils n'étaient pas rentrés en communion avec leurs évêques depuis le concordat de l'an X, le mariage ne pouvait être attaqué, et que puisqu'il avait été admis à jouir en France des droits civils, il devait être réputé Français, et par suite soumis aux lois françaises, non pas aux lois espagnoles. Un jugement du Tribunal civil de la Seine du 28 mai 1811, débouta la dame Styles de sa demande ; mais sur l'appel interjeté, la Cour infirma le jugement, considérant que Busqueta ne saurait se prévaloir de l'art. 13 du Code civil ni du décret par lui surpris le 25 janvier 1809, qui l'autorisait à jouir de tous les droits civils en France, tant qu'il y résiderait, que cet article et ce décret, d'ailleurs purement provisoire, non suivi d'une résidence en France pendant le temps compétent, ni d'un décret de naturalisation, n'avaient pu effacer l'incapacité inhérente à la personne, effet inévitable de la loi de son pays, qu'ils n'avaient pu, par la nature des choses, métamorphoser un Espagnol en un Français, et que tout ce qui en résultait, c'était que Busqueta rési-

dant en France, était habile à y faire ceux des actes civils que les lois d'Espagne, qui régissaient sa personne, ne lui interdisaient pas.

SÉNATUS-CONSULTE DU 19 FÉVRIER 1808. — Le sénatus-consulte du 26 vendémiaire an XI accordait, après un an de domicile, la qualité de Français aux étrangers qui apporteraient en France des talents ou des inventions utiles, ou qui y formeraient de grands établissements : mais il ne devait rester en vigueur que pendant cinq ans. Un sénatus-consulte du 19 février 1808 le reproduisit *pour l'avenir* et non plus *à titre provisoire.*

La qualité de Français serait conférée aux étrangers remplissant les conditions imposées par un décret spécial rendu sur le rapport d'un ministre, le Conseil d'Etat entendu. Une expédition de ce décret, visée par le grand juge, ministre de la justice, leur serait remise, et ils se présenteraient devant la municipalité de leur domicile pour y prêter le serment d'obéissance aux constitutions de l'Empire et de fidélité à l'Empereur.

Les motifs qui avaient inspiré le législateur de l'an XI étaient trop justes et intéressaient trop directement la richesse et la prospérité du pays, pour qu'on ne reconnût pas la nécessité d'en perpétuer les dispositions.

DÉCRET DU 17 MARS 1809. — Il n'en était pas de même de la naturalisation de plein droit. Ce principe, posé par la révolution, était contraire à l'esprit des institutions impériales : le décret du 17 mars 1809 le fit complétement disparaître pour revenir aux idées de l'ancienne monarchie.

La naturalisation devait être dorénavant accordée par

l'Empereur. Elle redevenait, comme avant la Révolution, une faveur dépendant de la volonté du souverain, et ce principe est encore en vigueur aujourd'hui.

La demande et les pièces à l'appui étaient transmises par le maire du domicile du pétitionnaire au préfet, qui les adressait avec son avis au grand juge, ministre de la justice.

L'étranger naturalisé continua à jouir pendant toute la durée de l'Empire de la plénitude des droits politiques : il était électeur et même éligible.

ORDONNANCE DU 4 JUIN 1814. — Après la Restauration, l'ordonnance du 4 juin 1814, tout en laissant à l'étranger naturalisé le droit d'électeur, supprima l'éligibilité.

« On n'avait pas voulu, dit le préambule de cette ordonnance, reproduire toute la sévérité des ordonnances de 1386, de 1431 et de Blois, qui déclaraient les étrangers incapables de posséder des offices ou des bénéfices, ni même de remplir aucune fonction publique en France. Mais on considérait que, dans un moment où tous les Français étaient appelés au partage de la puissance législative, il importait de ne voir siéger dans les Chambres que des hommes dont la naissance garantirait l'affection au souverain et aux lois de l'Etat, et qui auraient été élevés, dès le berceau, dans l'amour de la patrie ! »

En conséquence, l'ordonnance du 4 juin créa une naturalisation spéciale, que les auteurs désignent sous le nom de *grande naturalisation*, à cause des avantages qu'elle procurait à ceux qui l'avaient obtenue.

Aucun étranger ne pourrait désormais siéger dans la

Chambre des Pairs, ni dans celle des Députés, à moins que, par d'importants services rendus à l'Etat, il n'eût obtenu du roi des lettres de naturalisation vérifiées par les deux Chambres. Toutes les autres dispositions du Code civil restaient en vigueur et devaient être exécutées selon leur forme et teneur.

Une ordonnance du 8 octobre 1814 régla les droits du sceau et ceux des référendaires. Quant aux droits d'enregistrement, ils furent fixés par une loi du 28 avril 1816 : il n'était rien perçu pour les grandes lettres de naturalisation.

La législation relative à la naturalisation des étrangers ne fut pas modifiée pendant toute la durée de la Restauration et de la monarchie de Juillet.

L'ordonnance royale du 18 septembre 1839, relative à l'organisation du Conseil d'État, a décidé dans son article 17 que les projets d'ordonnances sur les naturalisations doivent être préparés par le comité de législation.

DÉCRET DU 28 MARS 1848. — Après la révolution de Février, un décret en date du 28 mars 1848, tout en respectant les lois existantes, en adoucit *provisoirement* la rigueur.

Beaucoup d'étrangers, résidant en France depuis plusieurs années, avaient pris part aux événements; mais ils n'avaient pas encore accompli les dix années de stage requises pour être admis à jouir des droits de citoyens français. De plus, comme on l'a fait remarquer, il y avait alors en France un grand nombre d'ouvriers menacés dans leur existence : on voulait renvoyer les étrangers dans leur pays, en déclarant qu'il n'y avait pas assez d'ouvrage pour les Français. Le décret du 28 mars était donc, suivant l'expression de M. Crémieux, un acte de justice et d'humanité.

Il autorisa *provisoirement* le ministre de la justice à accorder la naturalisation à tous les étrangers qui la demanderaient et qui justifieraient, par actes authentiques ou officiels, qu'ils résidaient en France depuis cinq ans au moins, et qui produiraient en outre, à l'appui de leur demande, l'attestation par le maire de Paris ou le préfet de police pour le département de la Seine, et par les commissaires du gouvernement pour les autres départements, qu'ils étaient dignes sous tous les rapports d'être admis à jouir des droits de citoyens français.

Le gouvernement provisoire reconnaissait que, s'il était urgent de faciliter la naturalisation des étrangers qui avaient des titres certains à l'estime publique, il fallait en même temps éviter d'étendre cette mesure à ceux dont la position n'était pas suffisamment établie. Le gouvernement républicain ne revenait pas à la naturalisation de plein droit : il laissait subsister ce principe que la naturalisation est une faveur.

On avait voulu respecter la législation existante, comme on le déclara. Cependant la Constitution de 1848 portait que tous les électeurs étaient éligibles; on en peut donc conclure que la grande naturalisation était supprimée, et cela avec d'autant plus de raison que la loi du 3 décembre 1849 porte, dans son article 5, qu'il ne sera porté aucune atteinte aux droits d'éligibilité à l'Assemblée nationale, acquis aux étrangers naturalisés avant sa promulgation.

L'autorisation n'avait été donnée au ministre de la justice qu'à titre provisoire. Dans l'espace de trois mois,

2,475 individus se firent naturaliser. On reconnut bientôt le danger pour le pays de maintenir plus longtemps le décret du 28 mars, et l'un des premiers actes de M. Bethmont, nommé ministre de la justice, fut d'en suspendre l'exercice par un arrêté du 29 juin 1848.

La naturalisation restait donc soumise aux mêmes conditions que sous les gouvernements antérieurs. Les demandes se multiplièrent; l'extension des droits politiques avait attiré un nombre considérable d'étrangers. Une loi définitive sur cette matière était nécessaire, et c'est alors que MM. de Vatimesnil et Lefebvre-Duruflé présentèrent à l'Assemblée nationale un projet, qui devint la loi du 3 décembre 1849.

LOI DU 3 DÉCEMBRE 1849. — « Comme les dispositions des lois antérieures, dit M. Demolombe, étaient, en général, empreintes d'un grand esprit de prudence et d'équité, il s'agissait beaucoup moins de les modifier que de les coordonner dans une loi d'ensemble. » Cependant, les circonstances commandaient d'autant plus de réserve que, d'une part, l'avènement du suffrage universel avait donné plus d'importance à la qualité de citoyen français, et que, d'autre part, les commotions politiques et l'extension du paupérisme avaient multiplié ces populations flottantes qui menacent le sol le plus hospitalier des invasions les plus fréquentes (1).

En effet, dans une discussion récente au Corps législatif, au sujet de la loi sur le recrutement, il a été établi qu'en 1866, le département du Nord renfermait 184,000 étrangers, les Bouches-du-Rhône 45,000, la Mo-

(1) Rapport de M. de Montigny, *Moniteur* du 8 novembre 1849.

selle 25,000, le Haut-Rhin 21,000, le Bas-Rhin 51,000, la Gironde 15,000, et que la moyenne était de 7,345 étrangers par département.

La loi du 3 décembre 1849 exigea de l'étranger qu'il eût, après l'âge de vingt et un ans accomplis, obtenu l'autorisation d'établir son domicile en France, conformément à l'art. 13 du Code civil, et qu'il y eût résidé dix ans depuis cette époque. Ainsi, la loi nouvelle reproduisait sur la durée du stage les dispositions de la Constitution de l'an VIII, mais elle en différait en ce sens que la naturalisation restait une faveur accordée à l'étranger. Il n'était pas permis d'en douter, car le rapporteur déclara au nom de la Commission que l'acte, qui confère la naturalisation, est un acte de souveraineté au premier chef, et qu'il avait paru convenable d'écarter la naturalisation de plein droit (1).

Par qui la naturalisation serait-elle accordée? Par le président de la République ou par l'Assemblée nationale?

Une vive discussion s'éleva sur ce point. M. Bourzat avait proposé l'amendement suivant : « L'Assemblée nationale statuera sur les demandes en naturalisation. Ces demandes devront être soumises d'abord à l'examen du Conseil d'Etat, qui donnera son avis, le ministre de l'intérieur entendu. » M. Valette l'appuya en faisant remarquer qu'en Angleterre et en Belgique, le droit de naturalisation appartient au législateur et non au gouvernement. Mais le rapporteur fit ressortir la difficulté qu'il y aurait pour une assemblée nombreuse d'exami-

(1) *Moniteur* du 20 novembre 1849.

ner des questions particulières de naturalisation, et l'amendement fut rejeté (1).

Le président de la République statuait donc sur les demandes en naturalisation, et la naturalisation ne pouvait être accordée qu'après une enquête faite par le gouvernement, relativement à la moralité de l'étranger, et sur l'avis favorable du Conseil d'Etat.

Cette disposition était en harmonie avec la Constitution du 4 novembre 1848, qui avait fait du Conseil d'Etat une assemblée ayant son autorité propre (2). Mais, alors même que le Conseil d'Etat avait émis un avis favorable, le président de la République restait libre de refuser la naturalisation.

De même que sous l'empire du sénatus-consulte du 19 février 1808, le délai de dix ans pouvait être réduit *à une année* en faveur des étrangers qui auraient rendu à la France des services importants, ou fondé de grands établissements, ou importé en France une industrie ou des inventions utiles et des talents distingués.

Le projet portait *deux années*, mais il fut modifié sur la demande de M. Wolowski.

Cette naturalisation exceptionnelle est désignée par les auteurs sous le nom de *rémunératoire*.

Tant que la naturalisation n'était pas prononcée, l'autorisation accordée à l'étranger d'établir son domi-

(1) *Moniteur* du 28 novembre 1849.

(2) La Constitution du 14 janvier 1852, ne lui ayant pas laissé cette indépendance, il en résultait que depuis cette époque l'avis favorable du Conseil d'Etat n'était plus indispensable, il suffisait qu'il eût été consulté par l'empereur.

cile en France pouvait toujours être révoquée par décision du gouvernement, qui devait prendre l'avis du
Conseil d'Etat (art. 3).

La jurisprudence était déjà fixée en ce sens que l'ordonnance qui autorisait un étranger à établir son domicile en France et à y jouir des droits civils tant qu'il
continuerait d'y résider, pouvait être révoquée, et l'é-
tranger dépouillé du droit qui lui avait été concédé.

Tout en maintenant les droits d'éligibilité à l'Assemblée nationale, acquis aux étrangers naturalisés avant
sa promulgation, la loi de 1849 statuait qu'à l'avenir
l'étranger naturalisé ne jouirait de ce droit qu'en vertu
d'une loi spéciale (art. 1 et 5). La grande naturalisation
était donc rétablie.

Le projet de loi et le rapport de la commission n'en
avaient pas fait mention; mais M. Mauguin ayant pré-
senté un amendement ainsi conçu : « Les [droits de
grande naturalisation comprenant les droits d'électorat,
d'éligibilité à l'Assemblée nationale, ne pourront être
conférés que par une loi, » l'Assemblée l'adopta en ce
qui concernait l'éligibilité, et l'on ne voulut pas rappe-
ler le mot de grande naturalisation pour respecter les
scrupules de ceux qui pensaient qu'aux termes de la
Constitution, la naturalisation ordinaire conférait tous
les droits politiques.

M. Baze avait soutenu que la distinction entre les
droits résultant de la naturalisation ordinaire et ceux
résultant de la grande naturalisation remontait à des
temps fort anciens, qu'elle avait été reproduite par l'ordonnance du 4 juin 1814, et qu'elle avait passé tout en-
tière dans notre droit public avec la Constitution de

1848. Il ajouta que le ministre de la justice n'avait reçu l'autorisation d'impartir la naturalisation qu'en respectant les principes de la législation existante, et cita à l'appui de son opinion ce fait que les lettres de grande naturalisation accordées à M. Bixio, huit jours avant le décret du gouvernement provisoire, étaient motivées sur l'ordonnance du 4 juin 1814. Mais M. Crémieux le combattit en disant que la Constitution portait: « Tous les électeurs sont éligibles, » et que, dès lors, il était évident que tous les individus, à qui la qualité d'électeurs avait été conférée auparavant, avaient eu en même temps l'éligibilité.

Le projet ne contenait aucune disposition à l'égard de ceux qui auraient déclaré antérieurement l'intention de se fixer en France.

La commission s'aperçut de cette lacune et proposa l'art. 6 pendant la discussion. Cet article porte que l'étranger qui avait fait avant la promulgation de cette loi la déclaration prescrite par l'art. 3 de la Constitution de l'an VIII, pouvait, après une résidence de dix années, obtenir la naturalisation, suivant la forme indiquée par le premier article.

On a toujours considéré comme un droit du pouvoir exécutif la faculté de faire sortir du territoire français ceux dont la présence est dangereuse pour le pays.

Ce principe, consacré par la loi du 22 vendémiaire an VI, est reproduit dans l'art. 7, qui porte que, par mesure de police, le ministre de l'intérieur peut expulser de France l'étranger qui y voyage ou qui y réside, et même celui qui a obtenu l'autorisation d'y établir son domicile; mais, en ce qui concerne ce dernier, le ministre doit, dans le délai de deux mois, faire révoquer l'autorisation dans la forme indiquée dans l'art. 3.

Le projet n'accordait ce droit au ministre de l'intérieur qu'*après que cette autorisation aurait été révoquée;* mais M. Rouher, alors ministre de la justice, signala le danger de cette mesure, qui eût entraîné des lenteurs, et l'Assemblée vota le renvoi à la commission.

Différents amendements avaient été présentés : M. Vaudoré avait proposé de déclarer que toute condamnation pour crime politique, prononcée contre un étranger naturalisé, entraînerait la perte de qualité de Français. Mais cet amendement ne fut pas appuyé, et l'Assemblée n'eut pas à se prononcer.

De leur côté, MM. Riché et Henri Didier avaient voulu faire ajouter à l'art. 3 : « A l'expiration de l'année qui suivra l'époque de sa majorité, tout individu né en France d'un étranger et y résidant, sera de plein droit considéré comme Français, à moins que dans le cours de cette année il n'ait renoncé, par une déclaration formelle, à réclamer la qualité de Français. » Mais la commission repoussa cet amendement comme ayant plutôt rapport à la jouissance des droits civils qu'à la naturalisation proprement dite (1).

(1) La loi du 7 février 1851, proposée par MM. Raulin et Benoît-Champy, a reproduit en quelque sorte l'amendement de MM. Riché et Henri Didier. Elle porte que tout individu né en France, d'un étranger qui lui-même y est né, est Français, à moins que dans l'année qui suivra l'époque de sa majorité, telle qu'elle est fixée par la loi française, il ne réclame la qualité d'étranger par une déclaration faite soit devant l'autorité municipale du lieu de sa résidence, soit devant les agents diplomatiques ou consulaires accrédités en France par le gouverne-

Loi du 29 juin 1867. — Depuis le Consulat, la législation n'avait pas varié : le stage de dix ans, établi par la Constitution de l'an VIII, et reproduit par les différentes lois qui l'avaient suivie, subsistait encore.

De nombreuses réclamations furent adressées au gouvernement, dans le cours de ces dernières années, pour en demander la réduction.

Depuis que les communications sont devenues plus rapides et les relations plus fréquentes et plus suivies, le délai de dix années était excessif; cette attente était un empêchement aux demandes de naturalisation. Les étrangers se contentaient d'une autorisation de domicile, et les décrets d'admission à domicile étaient bien plus nombreux que les décrets de naturalisation, puisqu'ils donnaient la jouissance de tous les droits civils, et que ceux qui les avaient obtenus possédaient les avantages du régnicole sans en supporter les charges.

M. de Tillancourt fit remarquer à ce sujet qu'en 1865 il y avait eu 199 admissions et 31 naturalisations, en 1866, 250 admissions et 35 naturalisations.

La France était assez calme et assez prospère pour n'avoir pas à redouter d'admettre les étrangers dans son sein : on pouvait donc, sans inconvénient, faciliter

ment étranger. Cette loi a excité des protestations énergiques au Corps législatif, lors de la discussion de la loi sur le recrutement, et S. Exc. M. le maréchal Niel, ministre de la guerre, répondit qu'à son avis on pourrait déclarer que le fils de l'étranger né lui-même en France sera Français et n'aura pas la faculté de renoncer à cette qualité. De son côté, S. Exc. M. le garde des sceaux ajouta qu'il examinerait si, au point de vue particulier du recrutement, il ne fallait pas modifier l'art. 9 du Code Napoléon et la loi de 1851.

la naturalisation, en maintenant toutefois les garanties d'ordre et de sécurité établies par les lois précédentes.

C'est ce qu'a fait la loi du 29 juin 1867, qui modifie les art. 1 et 2 et abroge l'art. 5 de la loi du 3 décembre 1849.

L'étranger, qui, après l'âge de vingt et un ans accomplis a, conformément à l'art. 13 du Code Napoléon, obtenu l'autorisation d'établir son domicile en France, et y a résidé *pendant trois années,* peut être admis à jouir de tous les droits de citoyen français.

Sous l'empire de la loi du 3 décembre 1849, les dix années commençaient à courir du jour où l'autorisation d'établir son domicile en France avait été accordée : la loi nouvelle, plus favorable encore sur ce point, porte que les trois années courront du jour où la demande d'autorisation aura été enregistrée au ministère de la justice.

De plus, la loi du 29 juin déroge à ce principe posé dans toutes les lois antérieures que l'étranger, qui voulait se faire naturaliser, devait résider en France. Elle assimile, d'une manière générale à la résidence en France, le séjour en pays étranger pour l'exercice de fonctions conférées par le gouvernement français, et cela dans l'intérêt de ceux que leur service même tient éloignés de la France, comme les employés de nos ambassades ou de nos consulats.

M. Ernest Picard insista pour faire supprimer cette innovation et maintenir l'ancien principe de la résidence réelle, en disant que, dans ce cas, l'étranger adopterait nos lois sans les connaître, et serait adopté par nous sans être connu; qu'il y avait là un danger véritable.

Mais le projet fut adopté sur la réponse de M. Man-
ceaux, commissaire du gouvernement, qu'il était impossible de changer cette disposition, parce que ce serait
manquer à un sentiment de dignité et à un intérêt de
service.

Une question ne pouvait manquer de se produire,
celle de la naturalisation de plein droit. Reviendrait-on
au principe de 1790 ?

M. Ernest Picard demanda que l'étranger devînt citoyen français, lorsque après avoir atteint l'âge de vingt
et un ans accomplis et avoir déclaré l'intention de se
fixer en France, il y aurait résidé pendant deux années
consécutives ; que sa pétition, adressée à M. le ministre
de la justice, fût accueillie *de plein droit* pourvu qu'elle
fût accompagnée d'un avis conforme, donné par le conseil municipal du lieu de sa résidence, et que l'exercice
des droits politiques ne pût être accordé qu'après cinq
années de résidence.

Le Corps législatif repoussa cet amendement, et décida qu'il serait toujours statué sur la demande en naturalisation, après enquête sur la moralité de l'étranger,
par un décret de l'Empereur, rendu sur le rapport du
ministre de la justice, le Conseil d'Etat entendu.

De même que sous l'empire des lois précédentes, et
afin de donner un nouvel essor à l'industrie et au commerce, le délai de trois ans peut être réduit à *une année*
en faveur des étrangers qui auront rendu à la France
des services importants, qui y auront introduit soit une
industrie, soit des inventions utiles, apporté des talents
distingués, formé de grands établissements ou créé de
grandes exploitations agricoles.

Mais l'innovation la plus importante de la loi du 29 juin 1867 est assurément le fait d'avoir supprimé la grande naturalisation. L'art. 1er porte expressément que l'étranger qui aura résidé trois ans en France, après avoir obtenu du gouvernement l'autorisation d'y fixer son domicile, peut être admis à jouir de *tous les droits* de citoyen français.

Contraire à la liberté du suffrage universel, à l'esprit de la Constitution, au texte du décret organique du 2 février 1852 sur les élections, reconnue enfin par un vote récent n'être plus en vigueur, la grande naturalisation ne pouvait, à aucun titre, être maintenue dans la loi nouvelle. Le gouvernement, en proposant d'en consacrer l'abrogation, donnait satisfaction à un principe constitutionnel, en même temps qu'il se conformait à un précédent créé par la Chambre (1). (Aff. Welles, *Moniteur* du 20 novembre 1863.)

Néanmoins, lors de la discussion, plusieurs membres du Corps législatif s'émurent à l'idée qu'après un stage de trois années seulement, un étranger pourrait être nommé député ou sénateur. Dans son amendement, M. Ernest Picard avait demandé, comme nous l'avons vu plus haut, que l'exercice des droits politiques ne pût être accordé qu'après cinq années de résidence. Il soutint avec M. Marie que le pouvoir législatif devait rester maître de décider si un étranger pouvait ou non siéger dans nos Assemblées; que, dans son ordonnance du 4 juin 1814, le roi Louis XVIII lui-même avait reconnu que la loi seule pouvait avoir le droit de faire des ci-

(1) Exposé des motifs de loi de 1867.

toyens. Mais l'amendement fut rejeté sur l'observation de M. de Parieu, que la qualité de citoyen est indivisible et que le droit civil et le droit politique se tiennent.

Deux autres amendements avaient été proposés par M. de Tillancourt.

Dans l'un, il demandait que le délai de trois ans pût être réduit à une année en faveur de l'étranger : 1° lorsqu'il aurait épousé une Française; 2° lorsqu'il aurait introduit en France, soit une industrie, soit des inventions utiles ou des talents distingués; 3° lorsqu'il aurait formé ou repris un établissement industriel ou agricole; 4° lorsqu'il posséderait des propriétés. Dans l'autre amendement, que l'individu né en France d'un étranger pût réclamer la qualité de Français, lorsque, ayant atteint l'âge de dix-huit ans, il aurait été émancipé et aurait obtenu du conseil de famille une autorisation spéciale, homologuée par le Tribunal de première instance, et qu'il fût, au surplus, comme le majeur, soumis aux dispositions de l'art. 9 du Code Napoléon.

Ces deux amendements furent rejetés, le premier comme figurant déjà dans l'art. 2 du projet, le second comme constituant une dérogation à toutes les législations françaises et étrangères, par ce motif que la naturalisation est un pacte social que le majeur seul peut former.

On peut donc résumer ainsi les conditions imposées aujourd'hui par la loi française à l'étranger, qui veut se faire naturaliser :

1° Autorisation de fixer son domicile en France, conformément aux dispositions de l'art. 13 du Code Napoléon; cette autorisation ne peut être accordée que par un décret impérial et à un majeur de vingt et un ans;

2° Résidence pendant trois ans à partir du jour où la demande d'autorisation a été enregistrée au ministère de la justice;

3° Enquête administrative sur la moralité de l'étranger;

4° Avis du Conseil d'Etat (mesure facultative pour le gouvernement);

5° Décret impérial prononçant la naturalisation.

Jamais aucune loi, à une époque de calme, ne s'est montrée plus libérale, puisque, tout en maintenant les garanties nécessaires à l'ordre public, la loi du 29 juin 1867 n'exige plus de l'étranger qu'un stage de trois années pour lui accorder la plénitude des droits civils et politiques dont jouissent les citoyens.

Dans la plupart des autres Etats, le stage imposé à l'étranger est plus long, ou les droits qu'on lui concède sont moins importants.

Pour nous en rendre mieux compte, nous allons examiner les diverses dispositions des lois étrangères relatives à la naturalisation.

En *Autriche* (7), le droit de bourgeoisie confère la jouissance complète des droits civils, et l'étranger peut l'acquérir de plein droit aux termes de l'art. 29 du Code, en entrant dans un service public, en entreprenant une industrie, dont l'exercice exige un domicile habituel dans le pays, par un séjour non interrompu *pendant dix années*, et sous la condition, toutefois, que, pendant ce laps de temps, il ne se sera rendu coupable d'aucun délit.

L'étranger peut aussi, sans l'exercice d'une industrie

ou d'un métier et avant l'expiration des dix années, se pourvoir auprès des autorités politiques pour obtenir le droit de bourgeoisie, et elles peuvent l'accorder suivant l'état de fortune, la capacité industrielle et la moralité du demandeur.

Mais on n'acquiert pas le droit de bourgeoisie autrichienne par la simple habitation ou l'usage temporaire d'un fonds rural, d'une maison rurale ou d'un bien-fonds, ni par l'établissement d'un commerce, d'une fabrique, sans une résidence *effective* dans un des pays de l'Empire (art. 30 et 31).

En *Bavière*, un édit du 26 mai 1818 porte que la naturalisation est prononcée par un décret du roi, le Conseil d'Etat entendu, lorsque l'étranger a fixé son domicile *dans le royaume* et justifie en même temps qu'il est affranchi de tout lien de sujétion personnelle qui l'attachait à un Etat étranger.

En *Belgique*, il y a deux sortes de naturalisation qui, l'une et l'autre, ne peuvent être accordées que par les chambres.

Aux termes de l'art. 5 de la loi du 27 septembre 1835, la naturalisation ordinaire n'est accordée qu'à ceux qui ont accompli leur vingt et unième année et qui ont résidé *pendant cinq ans* dans le royaume. Elle confère à l'étranger tous les droits civils et politiques attachés à la qualité de Belge, *à l'exception* de ceux pour l'exercice desquels la Constitution ou les lois exigent la grande naturalisation.

La grande naturalisation ne peut être accordée que pour services éminents rendus à l'Etat (art. 2).

L'étranger doit, dans l'un et l'autre cas, former sa

demande par écrit et la signer. Elle est transmise aux chambres, qui décident sans discussion et au scrutin secret, s'il y a lieu de la prendre en considération, et, pour qu'il y soit donné suite, il faut qu'elle ait été prise en considération dans les deux chambres.

Dans les huit jours qui suivent la sanction royale, le ministre délivre une expédition de l'acte de naturalisation à l'étranger qui doit, dans un délai de deux mois, se présenter, muni de cette pièce devant le bourgmestre du lieu de son domicile ou de sa résidence. Il déclare accepter la qualité de Belge qui lui est conférée. L'autorité municipale envoie dans les huit jours, au ministre de la justice, une expédition dûment certifiée de l'acte d'acceptation, et ce n'est que sur le vu de cette expédition que l'acte de naturalisation est inséré au *Bulletin officiel*.

Au *Brésil*, une loi du 23 octobre 1832 fixe les conditions auxquelles le gouvernement peut accorder la naturalisation à un étranger.

Il faut d'abord qu'il soit majeur de vingt et un ans, et qu'il ait la jouissance des droits civils dans son pays, excepté le cas où il les aurait perdus pour des motifs purement politiques. De plus, il doit déclarer à la municipalité de sa résidence sa religion, sa patrie et son intention de fixer son domicile au Brésil, et, en outre, y avoir résidé *pendant quatre ans* après cette déclaration, y posséder des biens, ou y vivre honnêtement de son travail.

La loi ne soumet qu'à l'obligation de déclarer leur religion, leur patrie et leur intention de se fixer au Brésil, ceux qui s'y sont mariés, qui y ont apporté un genre

d'industrie quelconque, qui ont adopté un Brésilien ou
une Brésilienne, qui ont fait une campagne au service
du Brésil, ou ont été gravement blessés en le défendant,
ceux qui, par leurs talents, ont été admis au professorat
dans les Universités ou Académies de l'empire, et ceux
enfin qui, sur la proposition du pouvoir exécutif, ont été
déclarés bien méritants par le Corps législatif.

En *Danemark*, depuis la loi constitutionnelle du
9 juin 1849, la naturalisation est prononcée par une loi
spéciale pour chaque personne. C'est le ministre de
l'intérieur qui soumet le projet de loi aux votes des deux
chambres.

L'étranger qui veut devenir Danois s'adresse au ministre et prouve qu'il a véritablement le désir de changer de nationalité. On n'exige de lui aucune condition
particulière, ni même un stage dans le royaume.

En *Espagne*, l'étranger qui veut se faire naturaliser
doit professer la religion catholique et avoir des moyens
d'existence. De plus, il faut qu'il ait résidé dans le royaume au moins pendant quatre ans.

Il joint à sa demande son acte de baptême et un certificat de moralité, et le gouvernement civil fait parve-
nir ces pièces au souverain qui accorde la naturalisation.

Celui qui a rendu au pays des services importants est
naturalisé par une loi votée par les Cortès.

Dans les *Etats Pontificaux* il n'y a pas de loi particulière sur la naturalisation.

Pour devenir sujet romain, l'étranger doit prouver
qu'il réside depuis *dix ans*, et qu'il veut se fixer définitivement dans le pays. Cette preuve résulte de l'ac-

quisition par lui faite d'une propriété foncière, d'une profession artistique ou libérale, ou de son mariage avec une Romaine.

Cependant, s'il lui est impossible de faire cette justification, il peut encore obtenir la naturalisation en prouvant, outre ses bonnes qualités politiques et religieuses, qu'il a des moyens d'existence suffisants et qu'il a obtenu de son gouvernement l'autorisation de se faire naturaliser en pays étranger.

L'acte de naturalisation lui est délivré au nom du Souverain Pontife, lorsqu'il a prêté serment de fidélité entre les mains du président du Tribunal de son domicile.

L'étranger doit, de plus, payer une taxe qui varie, selon les villes ou les communes : la plus élevée, celle que l'on paie pour devenir citoyen de la ville de Rome, est de cent écus (500 fr.).

Ce qui est singulier, c'est que l'étranger peut acquérir la noblesse romaine et devenir patricien des Etats Pontificaux. Il doit prouver alors qu'il appartient à une famille noble de son pays, et payer une taxe de cinq cents écus (2,500 fr.).

Aux *Etats-Unis,* le Congrès général fait seul les lois sur la naturalisation.

La loi du 24 mai 1828 porte que l'étranger doit déclarer sous serment, devant une autorité judiciaire, son intention de devenir citoyen des Etats-Unis, et ce n'est que deux ans après cette déclaration qu'il peut être naturalisé dans un des Etats confédérés.

Un acte du 17 juillet 1862 a déclaré que tout étranger âgé de vingt-un ans, qui se serait enrôlé ou s'enrôlerait dans l'armée régulière ou dans l'armée volontaire des Etats-Unis, et qui aurait été ou serait honorablement renvoyé dans ses foyers, serait admis comme citoyen sur sa demande, et qu'il n'aurait à justifier que d'une résidence d'une année.

L'étranger naturalisé jouit aux Etats-Unis de tous les droits civils et politiques.

Dans la *Grande Bretagne,* la naturalisation s'obtient sur une demande adressée au secrétaire d'Etat et appuyée par quatre chefs de famille. L'étranger prête le serment de fidélité, et la pétition est enregistrée par un bill du Parlement.

La *dénisation,* au contraire, est accordée par lettres patentes délivrées par le roi, portant que celui à qui elles sont conférées est désormais réputé naturel anglais.

C'est une demi-naturalisation qui ne lui fait pas perdre sa qualité d'étranger (1), mais elle lui donne le droit de recueillir des héritages et d'acquérir des terres. (On sait que le droit d'aubaine existe en Angleterre.)

En *Grèce,* l'art. 15 du Code civil porte que l'étranger doit faire sa déclaration à la municipalité du lieu où il veut fixer son domicile, et habiter le royaume pendant trois ans.

A l'expiration de ce délai, et après que le procureur

(1) Il en résulte que le Français qui a obtenu la dénisation, en Angleterre, conserve sa qualité de Français (arrêt du Parlement de Rome du 8 août 1647; arrêt de cassation du 19 janvier 1810). L'art. 17 du Code Napoléon, qui porte que la naturalisation en pays étranger fait perdre la qualité de Français n'est pas applicable.

général près la Cour d'appel compétente a certifié que l'étranger ne s'est rendu coupable d'aucun crime, il prête devant le nomarque (le préfet) le serment de sujet hellène.

Quant à l'étranger qui a rendu à la Grèce des services importants, qui y a introduit des inventions ou une industrie utiles, formé des établissements d'utilité publique, ou qui s'est distingué par des talents extraordinaires, il peut, dès qu'il a fixé son domicile dans le royaume, être naturalisé par un acte du pouvoir législatif (art. 22).

Haïti. Le Code civil de la République d'Haïti a été publié en 1825 et 1826 par le général Boyer.

La qualité de citoyen confère la plénitude des droits civils et politiques (art. 11), et l'étranger qui, en vertu de la Constitution, est habile à acquérir cette qualité, doit, à son arrivée dans le pays, faire devant le juge de paix de sa résidence, en présence de deux citoyens notables, la déclaration qu'il vient se fixer dans la République. Il est, en outre, tenu de faire constater sa résidence non interrompue pendant le cours d'une année, de faire viser *tous les mois,* par le juge de paix de la commune, l'expédition de cette déclaration, et ce n'est qu'après avoir rempli ces diverses formalités qu'il est admis à prêter devant le doyen du Tribunal civil du ressort, ou celui qui le remplace, le serment de renonciation à toute autre patrie que la République d'Haïti. Lorsqu'il est muni d'un certificat du doyen, il se présente à la secrétairerie générale pour solliciter l'acte signé du président, qui le reconnaît comme citoyen.

En *Hollande,* l'art. 8 du Code civil assimile les étrangers aux Néerlandais dans les deux cas suivants : 1° lorsque, en vertu d'une autorisation du roi, ils ont établi leur domicile dans le royaume et fait constater cette autorisation à l'administration communale; 2° lorsque, après avoir établi leur domicile dans une commune du royaume et l'avoir conservé dans la même commune *pendant six années,* ils ont déclaré l'intention de se fixer en Hollande.

Aux termes des art. 9 et 10 de la loi fondamentale de 1815, c'est le roi qui prononce la naturalisation.

En *Italie,* le nouveau Code civil est en vigueur depuis le 1er janvier 1866.

L'art. 10 porte que la naturalisation est prononcée par une loi ou par un décret royal.

On n'exige de l'étranger aucun stage; il suffit qu'il ait fixé son domicile en Italie et qu'il fournisse un certificat de moralité. L'étranger prête devant l'officier de l'état civil le serment de fidélité au roi, au statut et aux lois du royaume.

La naturalisation est prononcée par une loi, comme une récompense nationale, lorsque l'étranger a rendu au pays des services importants : c'est ainsi qu'on l'a conférée récemment au savant M. Moleschott, professeur à la Faculté de Turin.

La *Norwége* n'a pas de loi spéciale sur la naturalisation : la loi suédoise, dont nous parlerons plus loin, n'est pas applicable.

L'étranger, qui veut devenir Norwégien, n'a pas besoin d'en faire la demande au roi ni au Storthing. Il doit seulement s'établir dans le pays avec l'intention d'y rester, et cette intention résulte de l'achat d'un immeuble, de l'exercice d'un commerce, d'un métier ou d'uhe industrie. Il est électeur et éligible aux mêmes conditions que les nationaux (art. 50 de la loi fondamentale du 4 novembre 1814). Parmi ces conditions figure celle d'avoir *cinq ans de domicile*, ce qui est d'ailleurs exigé des indigènes : ainsi lorsqu'un individu, né en Norwége d'un père norwégien, a vécu en pays étranger jusqu'à sa vingt-cinquième année, il ne devient électeur que cinq ans après son retour.

Il n'y a qu'un seul cas où l'étranger est soumis à d'autres conditions que les régnicoles : c'est lorsqu'il veut obtenir un emploi de l'Etat (1). Il doit alors avoir résidé dans le royaume pendant dix années; mais il peut éluder cette disposition en se faisant naturaliser par le Storthing, à qui il adresse directement sa demande et qui est libre de l'accueillir.

En *Portugal*, l'art. 19 du Code civil, voté par les Cortès dans la session de 1867, porte que les étrangers qui sont majeurs ou considérés comme majeurs, conformément à la loi de leur pays et à la loi portugaise, peuvent être naturalisés : 1° s'ils sont capables de gagner un salaire par leur travail ou s'ils ont d'autres moyens d'existence; 2° s'ils ont résidé pendant un an au moins sur le territoire portugais. Toutefois, l'accomplissement de la seconde condition n'est pas indispensable lorsqu'il s'agit d'étrangers descendants de Portugais.

---

(1) Cependant l'étranger peut être nommé professeur à l'Université et aux écoles supérieures, médecin ou consul à l'étranger, sans être naturalisé et sans avoir habité la Norwége pendant dix ans (art. 92 de la loi fondamentale).

Le gouvernement peut dispenser de la totalité ou d'une partie du stage l'étranger marié à une femme portugaise et celui qui a rendu ou est appelé à rendre à la nation un service important (art. 20).

La naturalisation est prononcée par le roi. Les lettres qui la confèrent ne produisent leur effet que lorsqu'elles sont enregistrées aux archives de la chambre municipale du domicile de l'étranger (art. 21). Lorsque ces formalités sont remplies, l'étranger jouit de tous les droits civils et politiques.

En *Prusse*, la loi du 31 décembre 1842 donne aux autorités administratives le pouvoir d'accorder la naturalisation. Elle n'impose à l'étranger aucune condition particulière, ni aucun stage. Il lui suffit de présenter sa demande au commissaire de police du quartier où il a son domicile, en produisant à l'appui son extrait de naissance, et un certificat de bonnes vie et mœurs, ainsi qu'un état de sa fortune, ou l'indication de ses moyens d'existence.

Le certificat de naturalisation lui est délivré par l'autorité supérieure de la police de son arrondissement, et il jouit dès lors de tous les droits civils et politiques.

En *Russie*, la naturalisation s'opère par le seul fait de la prestation du serment à l'Empereur. L'étranger qui veut faire le commerce doit prêter le serment de sujétion ; mais les individus naturalisés peuvent toujours renoncer à la nationalité russe et rentrer dans leur patrie.

En *Serbie*, l'art. 44 du Code civil, publié à Belgrade le 11 mars 1844, porte que l'étranger acquiert de plein droit la qualité de Serbe, lorsqu'il a passé *sept années* dans le pays comme cultivateur, ou dans toute autre condition honorab'e. En outre, il doit être constaté que, pendant ce temps, il s'est conformé aux lois du pays et que sa conduite a été irréprochable.

Lorsqu'il n'a pas résidé pendant sept ans, il ne peut être naturalisé qu'en vertu de l'autorisation spéciale du prince d'accord avec le Sénat.

En *Suède,* (1) la loi sur la naturalisation est du 27 février 1858.

Pour devenir citoyen Suédois, l'étranger en fait la demande au Roi. Il doit avoir vingt-un ans accomplis, jouir d'une bonne réputation, avoir des moyens d'existence et habiter le royaume depuis trois ans.

Le stage est moindre, si l'étranger a été admis au service de l'Etat, ou bien s'il s'est distingué dans les sciences, les arts, l'agriculture, l'industrie des mines ou toute autre.

La naturalisation est prononcée par un décret du roi : le nouveau citoyen prête serment de fidélité et jouit, en Suède, de tous les droits civils et politiques.

Suisse. La Suisse est, comme on le sait, divisée en vingt-deux cantons, et chacun de ces cantons a ses lois particulières.

En ce qui touche le *droit de bourgeoisie* les conditions sont à peu près les mêmes : Nous allons cependant signaler quelques différences.

La durée du stage varie : il est de cinq ans dans les cantons d'Appenzell, du Valais, de Vaud et de Zurich ;

---

(1) Nous avons vu que la Norwége a conservé une législation particulière.

de quatre ans, dans celui de Neufchâtel ; de trois ans dans celui de Lucerne ; de deux ans, dans ceux de Genève, des Grisons et de Soleure ; d'un an seulement, dans ceux de Bâle et de Thurgovie. Dans les autres cantons, il n'y a pas de délai fixé.

On exige dans toute la Suisse que l'étranger ait une fortune suffisante pour ne pas tomber à la charge du pays. Dans certains cantons, la loi en fixe le minumum : Ainsi la fortune de celui qui veut obtenir le droit de bourgeoisie ne peut être moindre de 2,000 fr. dans le canton de Grisons, de 2,500 fr. dans ceux de Schaffouse et de Zurich, de 4,000 fr. dans celui de Fribourg.

Dans les cantons de Bâle, de Grisons et de Zug, il doit joindre à sa demande son acte de baptême ; dans ceux de Lucerne et d'Unterwald, il doit professer la religion catholique.

L'étranger doit toujours fournir des certificats de moralité et prouver qu'il est dégagé de tous liens envers sa patrie.

Dans la plupart des cantons, il doit, en demandant le droit de bourgeoisie cantonale, justifier qu'il a la promesse d'être admis comme bourgeois d'une commune. Dans certains autres, au contraire, comme le Tessin, Uri et Zug, il doit avoir acquis préalablement le droit de bourgeoisie dans une commune. Dans les cantons de Schaffouse, des Grisons, du Valais et de Zurich, les droits de bourgeoisie dans une commune et dans le canton sont inséparables.

Dans les cantons de Berne, de Genève, de Neufchâtel, du Valais et de Vaud, l'étranger doit prêter serment de fidélité.

Le droit de bourgeoisie dans un canton est toujours accordé par le Grand Conseil, et l'étranger qui l'a obtenu jouit de tous les droits civils et politiques. Néanmoins il ne peut exercer les droits de citoyen dans le canton du Tessin que cinq ans après, et dans celui de Fribourg qu'après dix années.

Vénézuela. Dans cette république, une loi spéciale du 27 mai 1844 règle la naturalisation.

L'étranger peut être naturalisé lorsqu'il vient à Vénézuela avec un genre d'industrie ou une occupation utile dont il subsiste. De plus, il doit avoir une bonne conduite et se trouver dans l'un des cas suivants : 1° être venu dans le pays en qualité d'immigrant, conformément à la loi ; 2° avoir navigué pendant six mois sur un bâtiment national de guerre ou de commerce ; 3° avoir épousé une Vénézuelienne ; 4° avoir résidé dans le territoire de la République pendant un an continu ; 5° posséder une propriété foncière d'une valeur de mille piastres ; 6° ou avoir rendu quelque service important à l'Etat.

La charte de naturalisation est délivrée par le pouvoir exécutif, et l'étranger, qui en a obtenu l'expédition, doit prêter serment devant l'autorité qui lui est désignée, d'obéir à la Constitution et aux lois de la République.

Dans le *Wurtemberg,* la naturalisation, en suivant l'expression officielle, le droit de cité national est inséparable du droit de bourgeoisie ou d'indigénat local, que l'étranger doit acquérir dans une commune déterminée.

On n'exige de lui aucun stage, mais il paie un prix variable, suivant l'importance de la commune où il a l'intention de s'établir. De plus, il doit justifier : 1° de bonnes vie et mœurs ; 2° d'un certain état de fortune dont le chiffre varie également suivant la classe de cette même commune ; 3° et, enfin, de l'exercice d'une profession qui lui assure des moyens d'existence suffisants pour son entretien et celui de sa famille.

L'étranger s'adresse, en conséquence, à l'autorité communale pour en obtenir l'assurance formelle de son admission au droit de bourgeoisie, et c'est sur la foi de cette promesse que la naturalisation est prononcée au nom du Souverain par la régence du Cercle d'où relève la commune. Il jouit, dès lors, en Wurtemberg, de tous les droits civils et politiques, à moins qu'il ne remplisse pas les conditions de majorité et autres, qui sont requises à cet effet par la Constitution du royaume.

On voit combien, depuis les temps anciens, la condition de l'étranger s'est améliorée dans tous les pays. Depuis que les relations commerciales se sont multipliées et que les différents peuples ont été mis plus souvent en contact, les mœurs se sont adoucies, l'étranger a été accueilli partout, quoique avec un reste de défiance.

La France, plus hospitalière, vient de modifier sa législation dans le sens le plus libéral. Elle fait un appel à toutes les intelligences, à tous les talents ; elle ouvre ses portes à tous, pourvus qu'ils soient dignes de cette faveur ; elle leur accorde les mêmes droits et les mêmes priviléges qu'à ses enfants, et il ne faut pas douter qu'un jour les nations, qui, jusqu'à présent se sont montrées moins confiantes, voudront s'honorer à leur tour en suivant l'exemple qui leur a été si généreusement donné par la France.

De tout temps, la naturalisation en pays étranger a fait perdre la qualité de Français et l'exercice des droits de citoyen (1).

Il est si naturel de considérer comme un ennemi, ou tout au moins comme un étranger, celui qui se fait naturaliser dans un autre pays, que, chez tous les peuples, il en est ainsi. En Prusse même, on perd la qualité de citoyen lorsque l'on séjourne dix ans à l'étranger.

De même, sous l'empire de la Constitution de l'an VIII, tout citoyen qui résidait sept années consécutives hors du territoire de la République, sans mission ou autorisation donnée au nom de la nation, était réputé étranger.

L'art. 17 du Code civil déclare expressément que l'exercice des droits de citoyen se perd : 1° par la naturalisation acquise en pays étranger ; 2° par l'acceptation non autorisée par le gouvernement de fonctions publiques conférées par un gouvernement étranger ; 3° enfin, par tout établissement fait en pays étranger sans esprit de retour.

Il ne faut pas conclure du second paragraphe de cet article que l'autorisation du gouvernement soit toujours obligatoire.

Ainsi, les Français qui acceptent, en France, les fonctions de consul d'une puissance étrangère conservent leur qualité de citoyens sans avoir besoin d'autorisation, car l'*exequatur* ne leur est accordé qu'à la condition de

(1) Un édit du 5 mai 1669, renouvelé en 1685, 1698, 1699, 1704 et 1713, déclarait étranger tout Français qui sortait du royaume sans autorisation du roi.

ne pouvoir jamais se prévaloir de leur titre officiel pour faire aucun acte de juridiction, ni pour se soustraire aux obligations qui leur sont imposées comme citoyens par les lois françaises.

On peut également accepter sans autorisation le titre de citoyen d'une ville étrangère, car ce titre est purement honorifique : il ne confère aucun droit et n'impose aucun devoir.

En ce qui concerne les ecclésiastiques, un décret du 7 janvier 1808 porte dans son premier article que nul Français ne pourra poursuivre ni accepter la collation d'un évêché *in partibus* faite par le Pape, s'il n'a été préalablement autorisé par l'Empereur, sur le rapport du ministre de la justice.

Il n'en est pas de même de l'acceptation en pays étranger de fonctions qui se rattachent exclusivement au culte : deux arrêts de la Cour de cassation du 17 novembre 1818 et du 15 novembre 1836 ont décidé qu'elle ne faisait pas perdre la qualité de citoyen.

Aucun Français ne doit être naturalisé en pays étranger sans autorisation de l'Empereur. (Décret du 26 août 1811.)

Cette autorisation était accordée par des lettres patentes; mais M. Alauzet nous apprend que ces lettres sont tombées en désuétude depuis la Révolution de 1848, et qu'elles sont remplacées par un décret rendu sur la proposition du ministre de la justice.

Celui qui se fait naturaliser en pays étranger, même avec l'autorisation du gouvernement, n'en perd pas moins sa qualité de Français; il en résulte que les enfants qu'il a depuis cette naturalisation sont étrangers, conformément à ce principe que l'enfant suit la condition du père. Toutefois, ils peuvent bénéficier des dispositions des art. 9 et 10 du Code civil.

Le législateur devait-il se montrer impitoyable à l'égard de celui qui aurait perdu sa qualité de Français? Devait-il lui interdire la faculté de la recouvrer jamais?

On ne l'a pas pensé : des motifs légitimes pouvaient l'avoir forcé à se faire naturaliser dans un autre pays; et l'on a décidé qu'il peut *toujours* recouvrer sa qualité de citoyen : il n'a qu'à rentrer en France avec l'autorisation du gouvernement, et en déclarant qu'il veut s'y fixer et qu'il renonce à toute distinction contraire à nos lois (art. 18). «Ne peut-on pas supposer, en effet, comme le disait M. Treilhard, qu'en quittant la France il a uniquement cédé à l'impulsion d'un caractère léger, qu'il a voulu surtout améliorer sa position par son industrie, pour jouir ensuite, au milieu de ses concitoyens, de l'aisance qu'il se sera procurée? Ne doit-on pas supposer, du moins, que sa désertion a été suivie de vifs regrets? Et ses frères peuvent-ils rester insensibles quand ce transfuge vient se jeter dans leurs bras? »

APPENDICE

LOI DU 3 DÉCEMBRE 1849

L'Assemblée nationale législative a adopté la loi dont la teneur suit :

Art. 1er. — Le président de la République statuera sur les demandes en naturalisation.

La naturalisation ne pourra être accordée qu'après enquête faite par le gouvernement, relativement à la moralité de l'étranger, et sur l'avis favorable du Conseil d'État.

L'étranger devra, en outre, réunir les deux conditions suivantes :

1° D'avoir, après l'âge de vingt-et-un ans accomplis, obtenu l'autorisation d'établir son domicile en France, conformément à l'art. 13 du Code civil;

2° D'avoir résidé pendant dix ans en France depuis cette autorisation.

L'étranger naturalisé ne jouira du droit d'éligibilité à l'Assemblée nationale qu'en vertu d'une loi.

Art. 2. — Néanmoins, le délai de dix ans pourra être réduit à une année en faveur des étrangers qui auront rendu à la France des services importants ou qui auront importé en France, soit une industrie, soit des inventions utiles, soit des talents distingués, ou qui auront formé de grands établissements.

Art. 3. — Tant que la naturalisation n'aura pas été prononcée, l'autorisation accordée à l'étranger d'établir son domicile en France pourra toujours être révoquée ou modifiée par décision du gouvernement, qui devra prendre l'avis du Conseil d'État.

Art. 4. — Les dispositions de la loi du 14 octobre 1814, concernant les habitants des départements réunis à la France, ne pourront plus être appliquées à l'avenir.

Art. 5. — Les dispositions qui précèdent ne portent aucune atteinte aux droits d'éligibilité à l'Assemblée nationale, acquis aux étrangers naturalisés avant la promulgation de la présente loi.

Art. 6. — L'étranger qui aura fait, avant la promulgation de la présente loi, la déclaration prescrite par l'art. 3 de la Constitution de l'an VIII, pourra, après une résidence de dix années, obtenir la naturalisation, suivant la forme indiquée par l'art. 1er.

Art. 7. — Le ministre de l'intérieur pourra, par mesure de police, enjoindre à tout étranger voyageant ou résidant en France, de sortir immédiatement du territoire français et le faire conduire à la frontière.

Il aura le même droit à l'égard de l'étranger qui aura obtenu l'autorisation d'établir son domicile en France ; mais, après un délai de deux mois, la mesure cessera d'avoir effet si l'autorisation n'a pas été révoquée suivant la forme indiquée dans l'art. 3.

Dans les départements frontières, le préfet aura le même droit à l'égard de l'étranger non résidant, à la charge d'en référer immédiatement au ministre de l'intérieur.

Art. 8. — Tout étranger qui se serait soustrait à l'exécution des mesures énoncées dans l'article précédent ou dans l'article 272 du Code pénal, ou qui, après être sorti de France par suite de ces mesures, y serait rentré sans la permission du gouvernement, sera traduit devant les Tribunaux et condamné à un emprisonnement d'un mois à six mois.

Après l'expiration de sa peine, il sera conduit à la frontière.

Art. 9. — Les peines prononcées par la présente loi pourront être réduites, conformément aux dispositions de l'art. 463 du Code pénal.

LOI DU 29 JUIN 1867.

Art. 1er. — Les art. 1 et 2 de la loi du 3 décembre 1849 sont remplacées par les dispositions suivantes :

« Art. 1er. — L'étranger qui, après l'âge de vingt et un ans accomplis, a, conformément à l'art. 13 du Code Napoléon, obtenu l'autorisation d'établir son domicile en France et y a résidé pendant trois années, peut être admis à jouir de tous les droits de citoyen français.

» Les trois années courront à partir du jour où la demande d'autorisation aura été enregistrée au ministère de la justice.

» Est assimilé à la résidence en France le séjour en pays étranger pour l'exercice d'une fonction conférée par le gouvernement français.

» Il est statué sur la demande en naturalisation après enquête sur la moralité de l'étranger, par un décret de l'Empereur, rendu sur le rapport du ministre de la justice, le Conseil d'État entendu.

» Art. 2. — Le délai de trois ans fixé par l'article précédent pourra être réduit à une seule année en faveur des étrangers qui auront rendu à la France des services importants, qui auront introduit en France, soit une industrie, soit des inventions utiles, qui y auront apporté des talents distingués, qui y auront formé de grands établissements ou créé de grandes exploitations agricoles. »

Art. 2. — L'art. 3 de la loi du 3 décembre 1849 est abrogé.

Contraste insuffisant

NF Z 43-120-14